LA TRAICION DE NOBLESSE:

El Asesinato de Thomas Sankara de Burkina Faso y la Sofocación de la Esperanza en África

Janvier T. Chando

TISI BOOKS

NUEVA YORK, RALEIGH, LONDRES, AMSTERDAM

PUBLICADO POR TISI BOOKS

Títulos de No Ficción de Janvier T. Chando

ÍCONOS Y VILLANOS: Los Asesinatos Políticos Recientes que Transformaron…
HÉROES CAÍDOS: Líderes Africanos Cuyos Asesinatos Desarraigaron…
CAMEROUN: El Sistema Disfuncional de Francia en África…
UCRANIA: El Tira y Afloja entre Rusia y Occidente
CAMERÚN: El Corazón Embrujado de África

Títulos de Ficción de Janvier Chando

El Usurpador: y Otras Historias
Triple Agente, Doble Cruz
Discípulos de Fortuna
La Unión Moujik
Cometas Espléndidos
Destello del Sol
Llamadas de Fortuna
Maestro de la Fortuna
Los Niños de la Fortuna
Estar Enamorado y Ser Sabio
La Leyenda del Fuego y el Hielo
La Locura mas Dulce
Las Abuelas
El Fuego del Hambre
Las Sombras de Fuego
Padre e Hijos
El Doctor
Sombras Oscuras
Lazos Fatídicos
El Veredicto de Hades
El Juicio de Su Majestad
La Locura de Ngoko
El Usurpador
La Dote
Soy Odiado
El Patán

Próximos Títulos de Janvier Chando

Los Vagabundos Caseros
Los Amigos Mortales
Los Osos de Norilsk
El Halcón Blanco

LA TRAICION DE NOBLESSE: El Asesinato de Thomas Sankara de Burkina Faso y la Sofocación de la Esperanza en África

© 2019 por Janvier Chando

Todos los derechos reservados. Ninguna parte de este libro puede reproducirse, almacenarse en un sistema de recuperación o transmitirse de ninguna forma o por ningún medio sin el permiso previo por escrito de los editores, excepto por un revisor que puede citar breves pasajes en una revisión para imprimirlos en un periódico , revista o diario.

ISBN-13: 978-1-7086-9832-4
ISBN-10: 1-7086-9832-9

PUBLICADO POR TISI BOOKS
www.tisibooks.com

NUEVA YORK, RALEIGH, LONDRES, AMSTERDAM

Impreso en los Estados Unidos de América

AGRADECIMIENTO

Palabras especiales de agradecimiento a Franklyn Bayen, Salomon Muna T. Yakana, Eric Nkabyo, Idris Doh, Julius Wakam, Sampson Baiye, Gabriel Nkeng, Linus Chinda, Wilson Okole, Rodney Musoko y Valentine Forchak con quienes hablamos sobre el legado de Sankara y llegamos a conclusiones perspicaces.

DEDICACIÓN

El libro está dedicado a todos los líderes icónicos y legendarios cuyos propósitos eran servir a la humanidad y promover el bienestar de la humanidad, especialmente aquellos cuyas vidas fueron acortadas en sus misiones históricas por las fuerzas malignas de este mundo.

LA TRAICION DE NOBLESSE:

El Asesinato de Thomas Sankara de Burkina Faso
y la Sofocación de la Esperanza en África

CONTENIDO

CITAS DE THOMAS SANKARA

"Si bien los revolucionarios como individuos pueden ser asesinados, no se pueden matar ideas."

"El enemigo no es quien te enfrenta con una espada en la mano, ese es el oponente. El enemigo es el que está detrás de ti con un cuchillo a la espalda."

"Sin educación política patriótica, un soldado es solo un criminal potencial."

"No creo que Blaise (Blaise Compaoré, su segundo y mejor amigo) quiera intentar atentar contra mi vida. El único peligro es que si se niega a actuar, las potencias imperialistas le ofrecerán poder en bandeja de plata organizando mi asesinato. Incluso si logran asesinarme, ¡no importa! La conclusión es que quieren comer, y los estoy deteniendo. Pero moriré pacíficamente, porque nunca, después de lo que hemos logrado infundir en la conciencia de nuestros compatriotas, no pueden controlar a nuestra gente como antes."

"La mayor dificultad que enfrentamos es la forma de pensar neocolonial que existe en este país. Fuimos colonizados por un país, Francia, que nos dejó con ciertos hábitos. Para nosotros, tener éxito en la vida, ser feliz, significaba tratar de vivir como lo hacen en Francia, como los más ricos de los franceses."

"No puedes llevar a cabo un cambio fundamental sin una cierta locura. En este caso, proviene de la no conformidad, el coraje de darle la espalda a las viejas fórmulas, el coraje de inventar el futuro."

"La deuda es una reconquista inteligente de África. Es una reconquista que nos convierte a cada uno de nosotros en un esclavo financiero."

"Que se ponga fin a la arrogancia de las grandes potencias que no pierden la oportunidad de poner los derechos de las personas en cuestión. La ausencia de África del club de aquellos que tienen derecho a veto es injusta y debe ser terminada."

"No estamos en contra del progreso, pero no queremos un progreso que sea anárquico y descuide criminalmente los derechos de los demás."

"La desigualdad solo puede eliminarse mediante el establecimiento de una nueva sociedad, donde hombres y mujeres disfrutarán de los mismos derechos ... Por lo tanto, la situación de las mujeres mejorará solo con la eliminación del sistema que las explota."

"El espíritu está sofocado, por así decirlo, por ignorancia, pero tan pronto como se destruye la ignorancia, el espíritu brilla como el sol cuando atraviesa las nubes."

"La familia patriarcal hizo su aparición, fundada en la propiedad única y personal del padre, quien se había convertido en jefe de la familia. Dentro de esta familia, la mujer estaba oprimida."

"Quiero que la gente me recuerde como alguien cuya vida ha sido útil para la humanidad."

"Nuestro país produce lo suficiente para alimentarnos a todos. Por desgracia, por falta de organización, nos vemos obligados a pedir ayuda alimentaria. Es esta ayuda la que inculca en nuestros espíritus la actitud de los mendigos."

"Todo lo que el hombre puede imaginar, él es capaz de crear."

"Nos tomó a los locos de ayer para poder actuar con extrema claridad hoy. Quiero ser uno de esos locos. Debemos atrevernos a inventar el futuro."

"Si das un paseo por Uagadugú y haces una lista de las mansiones que ves, notarás que pertenecen a una minoría. ¿Cuántos de ustedes que han sido asignados a Uagadugú desde los rincones más remotos del país han tenido que mudarse todas las noches porque los expulsaron de la casa que alquilaron? A los que han adquirido casas y tierras a través de la corrupción, les decimos: empiecen a temblar. Si has robado, tiembla, porque iremos a por ti."

"Debemos atrevernos a inventar el futuro."

"Las mujeres sostienen la otra mitad del cielo."

"Hacemos todo lo posible para ver que nuestras acciones estén a la altura de nuestras palabras y estén atentos con respecto a nuestro comportamiento."

"Camaradas, no hay una verdadera revolución social sin la liberación de las mujeres."

"Es realmente una pena que haya observadores que vean los acontecimientos políticos como historietas. Tiene que haber un Zorro, tiene que haber una estrella. No, el problema de Alto Volta es más grave que eso. Fue un grave error haber buscado un hombre, una estrella, a toda costa, hasta el punto de crear una, es decir, hasta el punto de atribuir la propiedad del evento al capitán Sankara, quien debe haber sido el cerebro, etc. "

"Nuestra revolución en Burkina Faso se basa en la totalidad de las experiencias del hombre desde el primer aliento de la humanidad. Deseamos ser los herederos de todas las revoluciones del mundo, de todas las luchas de liberación de los pueblos del Tercer Mundo. Sacamos las lecciones de la revolución estadounidense."

"La revolución no puede triunfar sin la emancipación de la mujer."

"La revolución y la liberación de las mujeres van juntas. No hablamos de la emancipación de las mujeres como un acto de caridad o de una oleada de compasión humana. Es una necesidad básica para que triunfe la revolución. Las mujeres sostienen la otra mitad del cielo."

"El imperialismo es un sistema de explotación que ocurre no solo en la forma brutal de aquellos que vienen con armas para conquistar territorio. El imperialismo a menudo ocurre en formas más sutiles, un préstamo, ayuda alimentaria, chantaje. Estamos luchando contra este sistema que permite que un puñado de hombres en la tierra gobierne a toda la humanidad."

"Tenemos que trabajar para descolonizar nuestra mentalidad y lograr la felicidad dentro de los límites del sacrificio que deberíamos estar dispuestos a hacer. Tenemos que reacondicionar a nuestra gente para que se acepte a sí misma tal como es, para no avergonzarse de su situación real, para estar satisfechos con ella, incluso para gloriarse en ella."

"Los enemigos de un pueblo son aquellos que los mantienen en la ignorancia."

"La revolución francesa nos enseñó los derechos del hombre."

"Camaradas, no hay una verdadera revolución social sin la liberación de la mujer. Que mis ojos nunca vean y mis pies nunca me lleven a una sociedad donde la mitad de las personas están en silencio. Escucho el rugido del silencio de las mujeres. Siento el estruendo de sus tormenta y siento la furia de sus revuelta."

"Debemos aprender a vivir al estilo africano. Es la única forma de vivir en libertad y con dignidad."

"El que te alimenta, te controla.""

Bajo su forma actual, que es controlada por el imperialismo, la deuda es una reconquista hábilmente manejada de África, con el objetivo de subyugar su crecimiento y desarrollo a través de las reglas extranjeras. Por lo tanto, cada uno de nosotros se convierte en el esclavo financiero, es decir, un verdadero esclavo."

"Que mis ojos nunca vean y mis pies nunca me lleven a una sociedad donde la mitad de las personas están en silencio."

"El que no te alimenta no puede exigirte nada."

"La desigualdad solo puede eliminarse estableciendo una nueva sociedad, donde hombres y mujeres disfrutarán de los mismos derechos, como resultado de una agitación en los medios de producción y en todas las relaciones sociales. Por lo tanto, la situación de las mujeres mejorará solo con la eliminación del sistema que las explota."

"El Che Guevara nos enseñó que podíamos atrevernos a tener confianza en nosotros mismos, confianza en nuestras habilidades. Nos inculcó la convicción de que la lucha es nuestro único recurso. Era ciudadano del mundo libre que juntos estamos en proceso de construcción. Por eso decimos que el Che Guevara también es africano y burkinés."

"Nunca se avergüence de ser Africano."

"Cuando la gente se pone de pie, el imperialismo tiembla."

MAPAS

Burkina Faso en un Mapa del Mundo

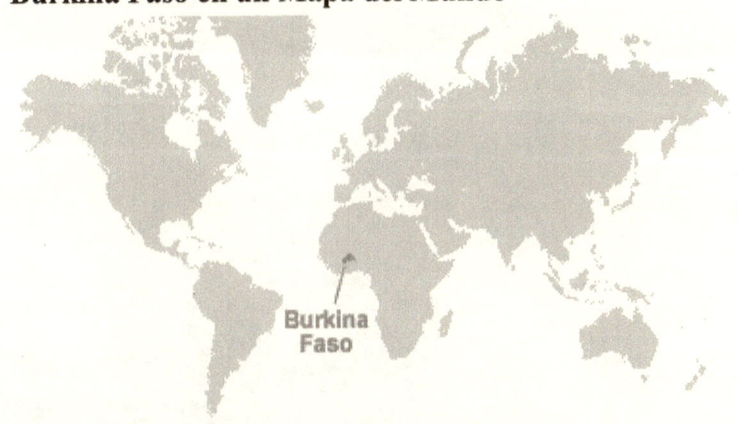

Mapa de Partición de África: 1884-1914

Mapa Político de los Países Africanos

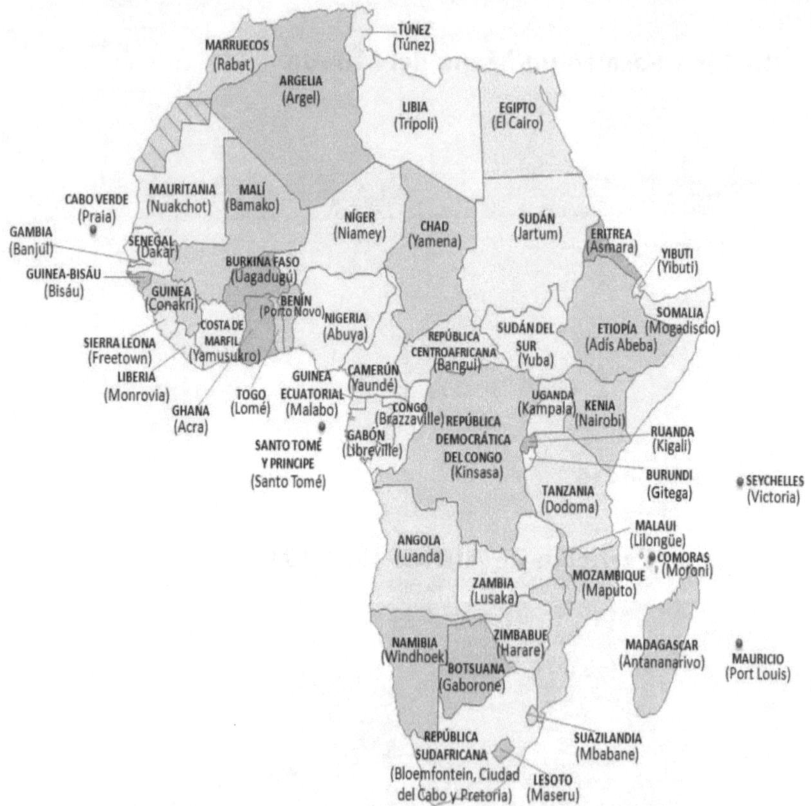

La independencia de los países africanos

Mapa Administrativo de Burkina Faso (2019)

INTRODUCCIÓN

En mi búsqueda de la respuesta a por qué existen ciertos puntos críticos geopolíticos en el mundo, en mi búsqueda de la (s) razón (es) por las que algunos países y el mundo en general experimentaron cambios repentinos y dramáticos que llevaron a la guerra, la inestabilidad o una reorientación de sus Las políticas nacionales y extranjeras que no solo afectaron a estos países sino que también influyeron en ciertas regiones o en todo el mundo, exploré los asesinatos políticos en las últimas docenas de décadas que cambiaron nuestro mundo. Por nuestro mundo, quiero decir nuestras comunidades, países, regiones y la humanidad en general.

Al tratar los diferentes asesinatos que tuvieron lugar a lo largo de los años, utilicé un enfoque caracterizado por la sociología política, donde analicé sucintamente los factores históricos y sociales que no solo condujeron a los asesinatos, sino que también surgieron del asesinato de estas figuras históricas. Y a partir de estos factores, se nos presenta una idea o imágenes de cómo la sociedad afectada ha evolucionado desde los eventos traumáticos.

A partir de las reacciones violentas que siguieron al

asesinato de figuras históricas, legendarias o icónicas, podemos aprender algo útil y crear escenarios o qué esperar como calamidades si líderes particulares son asesinados, y así actuar en consecuencia para evitar sus asesinatos.

Capítulo Uno

Thomas Sankara

Cuando África se despertó esa mañana del 16 de Octubre de 1987, y se enteró de la muerte de Thomas Sankara, el carismático jefe de estado de Burkina Faso, la conmoción, el dolor y la melancolía se asentaron en el continente. Cuando más noticias sorbieron informando que fue asesinado junto con otros doce en un golpe de estado militar liderado por el entonces Vicepresidente Blaise Compaoré, (quien después del golpe se convirtió en presidente y gobernó hasta su expulsión en un levantamiento popular el 31 de Octubre, 2014), las masas de Burkina Faso se indignaron. Thomas Sankara había dado a conocer al mundo que Blaise Compaoré era su amigo y el confidente más cercano.

Entonces, ¿quién fue este joven que sacó a un país sin litoral de África de un callejón sin salida, un territorio que era el corazón del Imperio Songhai, y luego le mostró a la gente allí y a sus hermanos en el resto de África el camino hacia un futuro desprovisto de la influencia retardadora del neocolonialismo?

Entonces, ¿quién fue este joven que sacó a un país sin litoral de África de un callejón sin salida, un territorio que era el corazón del Imperio Songhai, y luego le mostró a la gente allí y a sus hermanos en el resto de África el camino hacia un futuro desprovisto de la influencia retardadora del neocolonialismo?

Capítulo Dos

La historia comienza en 1949, con el nacimiento de Thomas Sankara el 21 de Diciembre de ese año en Yako, Alto Volta, y se convirtió en una leyenda con su muerte el 15 de Octubre de 1987, en Uagadugú, Burkina Faso, por las balas de sus asesinos. Sin embargo, trataremos los capítulos que constituyen su vida en la tierra a medida que profundizamos en cómo se convirtió en el líder de la Revolución de Burkinabé antes de su prematura muerte.

El ascenso de Sankara a la oficina más alta del país comenzó después de su entrenamiento como piloto y después de convertirse en capitán de la Fuerza Aérea del Alto Volta. Pero no fueron solo sus habilidades como piloto lo que lo convirtió en una figura popular en la capital del país llamada Uagadugú, especialmente después de luchar en la guerra fronteriza de 1974 contra Malí. El hecho de que fuera un guitarrista decente y el hecho de que le gustaran las motos también puede haber contribuido a su carisma. Entonces, su nombramiento como Secretario de Estado de Información en 1981 por el Coronel Saye Zerbo, quien se convirtió en el presidente del país después de terminar el gobierno de 14 años de Sangoulé Lamizana con un golpe de estado el 25 de Noviembre de 1980, fue bien recibido por el país. Sin embargo, cuando renunció al gobierno el 21 de Abril de 1982, citando la deriva anti-laboral del régimen, la población vio otro lado loable de su carácter que era poco común, él era incorruptible.

El golpe de estado del 7 de Noviembre de 1982 dirigido por Dr. Jean-Baptiste Ouédraogo (un comandante médico --- que corresponde a un mayor en el ejército) y el Consejo de Salvación Popular (CSP) que derrocó al Coronel Saye Zerbo provocó la reanimación de la fortuna de Sankara cuando el nuevo presidente lo nombró Primer Ministro en 1983. Pero luego, Jean-Christophe Mitterrand, hijo del presidente Francés Francois Mitterrand, quien resultó ser el asesor de Asuntos Africanos de su padre, visitó el Alto Volta ese año, no le gustaban las ideas políticas, la franqueza y la naturaleza incorruptible del joven Sankara, y por eso El presidente del Alto Voltan colocó a Sankara y algunos de sus asociados cercanos bajo arresto domiciliario. Su confinamiento por parte de las autoridades desencadenó un levantamiento popular que no pudo ser contenido.

La saga Sankara no habría tomado nuevas dimensiones si un grupo de hombres en el Alto Volta, conocido hoy como Burkina Faso, no hubiera decidido lanzar una revolución que permitiera al país "aceptar la responsabilidad de su realidad y su destino con dignidad humana." Un Golpe de Estado organizado por Blaise Compaoré con la ayuda del Capitán Henri Bongo, el Mayor Jean-Baptiste Booker Lingam y el carismático Capitán Thomas Sankara depuso a Jean-Baptiste Ouedraogo el 4 de Agosto de 1983, después de lo cual declararon a Thomas Sankara el líder. Sankara, de 33 años, se convirtió en una figura prominente en el grupo de líderes Africanos que querían darle al continente en general, y a sus países en particular, una nueva dimensión sociopolítica desprovista de los grilletes del neocolonialismo, especialmente el dominante control Francés de sus antiguas colonias y territorios Africanos.

Mapa Político de los Países Africanos

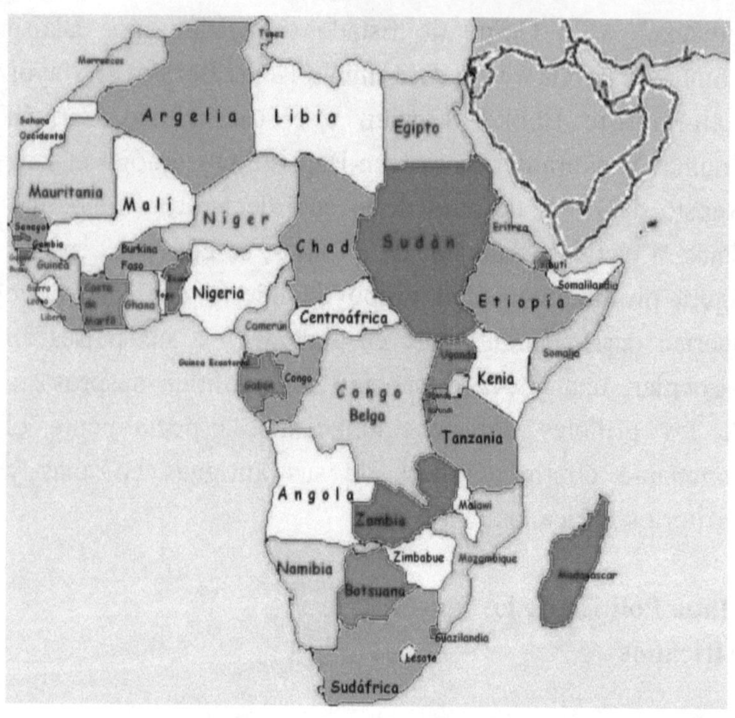

Thomas Sankara, el carismático líder izquierdista de un país en el corazón de África occidental a veces fue apodado "Tom Sank" y fue considerado por algunos de sus admiradores como un "Che Guevara Áfricano" incluso antes de convertirse en el jefe de Estado del país siguiendo el golpe ideado por su amigo Blaise Compaoré.

Capítulo Tres

Un año después de asumir la oficina más alta del país, Sankara comenzó los programas más ambiciosos para el cambio social y económico que se hayan intentado en cualquiera de los países del continente Áfricano. Cambió el nombre del país de Alto Volta a Burkina Faso, que significa "la tierra de la gente recta" en Mossi y Dyula, que son los dos idiomas principales del país. También se le ocurrió una nueva bandera y un nuevo himno para el país entusiasta.

El joven presidente orientaría la política del país hacia la lucha contra la corrupción, la reforestación, la prevención de la hambruna y hacia la creación de prioridades reales de educación y salud para la nación.

Sus políticas internas se centraron en:

- Prevenir la hambruna con la autosuficiencia agraria

y la reforma agraria que resultó en la autosuficiencia alimentaria tres años después de su presidencia

- Hacer de la educación una prioridad, que el gobierno fue implacable en su búsqueda a través de una campaña nacional de alfabetización.
- y promover la salud pública mediante la vacunación de 2, 500, 000 (2,5 millones) niños contra la meningitis, la fiebre amarilla y el sarampión.

Otros aspectos loables de su agenda nacional incluyen:

- la plantación de más de 10, 000, 000 (diez millones) de árboles, lo que contribuyó en gran medida a detener la creciente desertificación del Sahel
- la duplicación de la producción de trigo al redistribuir la tierra de los terratenientes feudales a los campesinos
- la suspensión de las impuesto a la renta rurales y alquileres domésticos
- y el lanzamiento de un ambicioso programa de construcción de carreteras y ferrocarriles para "unir a la nación."

A nivel local, Sankara también dirigió la campaña para que cada pueblo construyera un dispensario médico, y para más de 350 comunidades construyeran escuelas utilizando su propio trabajo.

Justo después de llegar al poder, se convirtió en el campeón de la emancipación y los derechos de las mujeres en África. De hecho, esto fue confirmado por su prohibición de la mutilación genital femenina; su abolición de los matrimonios forzados, los matrimonios infantiles y la poligamia; así como por sus políticas y esfuerzos alentando a las mujeres a asumir puestos de liderazgo en el gobierno y la sociedad, especialmente al nombrar a mujeres para altos cargos gubernamentales y alentarlas a trabajar fuera del hogar y permanecer en la escuela, incluso si quedan embarazadas. Cuando escribió eso:

"La revolución y la liberación de las mujeres van juntas. No hablamos de la emancipación de las mujeres como un acto de caridad o debido a un aumento de la compasión humana. Es una necesidad básica para el triunfo de la revolución. Las mujeres sostienen la otra mitad del cielo",

Era un reflejo de su determinación de mejorar el bienestar de las mujeres en su país y África.

Capítulo Cuatros

Sankara siguió una política exterior que no condonó el imperialismo y alentó la cooperación basada en el respeto y el reconocimiento de los intereses de Burkina Faso, así como el interés de las otras partes que se ocupan de Burkina Faso.

Sankara y Fidel Castro de Cuba

Esto hizo que su gobierno evitara toda ayuda externa, presionando para reducir la deuda de una manera audaz, nacionalizando toda la riqueza de tierras y minerales, evitando así el poder y la influencia del Fondo Monetario Internacional (FMI) y su institución financiera hermana, el Banco Mundial.

Una de las razones por las que las élites mundiales esperaban que Burkina Faso continuara haciendo una reverencia a su antiguo maestro colonial y a las instituciones financieras internacionales fue porque era uno de los países más pobres del mundo en ese momento. Pero Sankara era diferente. Estaba firmemente convencido de que el país podría recuperarse y sostenerse sin ayuda extranjera. Incluso fue tan lejos como para rechazar paquetes de ayuda del Fondo Monetario Internacional, "asistencia" que el organismo financiero internacional brindó con condiciones adjuntas que comprometieron la soberanía de Burkina Faso, tal como él lo vio. Articuló esta postura de independencia a través de numerosos escritos, discursos, entrevistas y otros intercambios. Desafortunadamente, al personificar la rectitud en un período justo después de la independencia de la década de 1960, cuando la mayoría de los líderes revolucionarios, pan-Áfricanistas y audaces del continente habían sido asesinados, derrocados, intimidados o humillados por amenazas, sanciones, sabotaje y otras medidas activas; Sankara apareció como una voz en el desierto. Pensó que había encontrado un foro para vender su cruzada en la cumbre de Julio de 1987 de la Organización de la Unidad

Áfricana, donde trató de persuadir a los jefes de estado de otros países Africanos para que actuaran colectivamente y no pagaran sus deudas financieras con sus antiguos colonizadores declarando ese:

> *"Los orígenes de la deuda se remontan a los orígenes del colonialismo... No podemos pagar la deuda porque no somos responsables de esta deuda. Por el contrario, otros nos deben algo que ningún dinero puede pagar. Es decir, la deuda de sangre..."*

A pesar de que los revolucionarios programas de autosuficiencia de Sankara lo transformaron en un ícono a los ojos de muchos de los pobres de África y aumentaron su popularidad con la mayoría de los ciudadanos empobrecidos de Burkina Faso, sus políticas socavaron los intereses creados de una amplia gama de grupos (el Los burgueses Francófilos de clase media, los líderes tribales que se molestaron por el hecho de que los despojó de sus privilegios tradicionales de larga data para el trabajo forzado y el pago de tributos, y Francia y su aliado Costa de Marfil bajo Félix Houphouet-Boigny, a quien consideraba títere de Francia). Entonces, cuando Blaise Compaoré orquestó su derrocamiento y asesinato el 15 de Octubre de 1987, muchas personas (los Burkinabes y los no Burkinabes) se quedaron preguntándose si no lo veía venir. Después de todo, había declarado una semana antes de su asesinato que:

"Si bien los revolucionarios como individuos pueden ser asesinados, no puedes matar ideas."

Su intuición estaba en juego, pero no parecía ser del tipo que estaba preparado para atravesar los horrores de investigar y eliminar a aquellos con los que había estado trabajando estrechamente. Él, como muchas grandes figuras de la historia, entendió que la traición por tus seres queridos no es su culpa, especialmente si usted, como líder, nunca tuvo malas intenciones contra sus socios o camaradas. De hecho, él estaba teniendo una copia de un discurso con él en la mañana de su muerte que había preparado la noche anterior para tender un puente sobre las divisiones ideológicas que crecían entre las facciones enemistadas en su gobierno. Un extracto de eso dice así: *"Cualesquiera que sean las contradicciones, cualesquiera que sean las oposiciones, se encontrarán soluciones mientras la confianza reina..."* Pero no pudo leer ese discurso en la reunión del consejo esa mañana porque los disparos de ametralladora interrumpieron el proceso justo antes de que comenzara, seguido de gritos que ordenaban que todos salieran. Hizo saber a sus ministros asustados que él era el que buscaban los pistoleros, les ordenó quedarse, levantó las manos en el aire y salió para encontrar a sus guardaespaldas muertos en las escaleras. El escuadrón de soldados atacantes abrió fuego contra él en un instante.

Cuando la noticia del asesinato de Thomas Sankara el 15 de Octubre de 1987 salió poco después de que él y otros doce funcionarios fueron asesinados en un golpe de estado organizado por su antiguo colega Blaise Compaoré, fue recibido con indignación, tristeza, aprensión e incredulidad en todos los países del mundo. Pero en ninguna parte el dolor fue tan grande como en Burkina Faso y el resto de África, donde las masas le consideraban el faro de la esperanza en un continente dominado por líderes con la disposición del mal, la mayoría de los cuales eran marionetas de potencias extranjeras. Blaise Compaoré no solo se aseguró de que Sankara fuera enterrado en una tumba sin nombre, sino que profanó aún más el legado de Sankara al revertir la mayoría de sus políticas y al realinear Burkina Faso con esos líderes extranjeros y países que eran hostiles a Sankara, especialmente Francia, el antiguo maestro colonial. Muchas personas versadas en historia no perdieron el tiempo comparando a Blaise Compaoré con el Bruto (Marco Julio Bruto), un político de la República Romana que participó en el asesinato de su amigo cercano, el Emperador Romano Julio César.

El hecho de que Blaise Compaoré haría arrestar a Henri Zongo y Jean-Baptiste Boukary Lingani, con quienes inicialmente había estado gobernando en un triunvirato; El hecho de que los acusaría de conspirar para derrocar al gobierno, y luego los juzgó y ejecutó sumariamente en Septiembre de 1989, demostró que Sankara era un miembro confiado y confiable en ese grupo que tomó el poder en 1983 y comenzó la Revolución de Burkinabé.

La búsqueda de Sankara para realizar los programas más ambiciosos para el cambio social y económico jamás intentados en el continente Áfricano terminó como un sueño parcialmente realizado, pero uno que es apreciado por despertar las esperanzas de la juventud Áfricana. Hoy, es una leyenda en su país y África treinta años después fe su muerte.

Antonio de Figueiredo, periodista, activista y locutor que hizo campaña por la liberación de las colonias Áfricanas de Portugal, y que hizo más que nadie para llamar la atención del mundo angloparlante sobre el tema de la opresión colonial en Angola, Mozambique, Guinea y Cabo Verde, entendió la magnitud de la influencia de Thomas Sankara cuando escribió en Febrero de 2008 que:

"África y el mundo aún no se han recuperado del asesinato de Sankara. Del mismo modo que todavía tenemos que recuperarnos de la pérdida de Patrice Lumumba, Kwame Nkrumah, Eduardo Mondlane, Amílcar Cabral, Steve Biko, Samora Machel y, más recientemente, John Garang, por nombrar solo algunos. Si bien las fuerzas malévolas no han utilizado los mismos métodos para eliminar a cada uno de estos grandes Pan-Áfricanistas, se han guiado por el mismo motivo: mantener a África encadenada."

Thomas Sankara, el revolucionario y efímero jefe de estado de Burkina Faso que redujo su salario a $ 450 dólares, vendió la flota gubernamental de automóviles Mercedes-Benz, prohibió la asignación de chóferes para funcionarios del gobierno e hizo del Renault 5 el automóvil oficial, se convirtió en un héroe derribado que fue conmemorado en ceremonias que tuvieron lugar en Burkina

Faso, Malí, Senegal, Níger, Tanzania, Burundi, Francia, Canadá y Estados Unidos el 15 de Octubre de 2007, veinte años después de su asesinato. La leyenda Áfricana profundamente extrañada que fue eliminada de la arena geopolítica por las fuerzas neocoloniales de este mundo y sus títeres y compradores Africanos, justo cuando él comenzó a revivir el sueño del pan-Áfricanismo, fue exhumada en 2015, tras una solicitud de su familia.

La exhumación tuvo lugar un año después del levantamiento popular que obligó a Blaise Compare a abandonar el poder y lo obligó a huir de Burkina Faso al exilio en la vecina Costa de Marfil. La ira pública contra Blaise Compaoré que se había estado acumulando desde el asesinato de Sankara en 1987 se extendió a las calles después del intento de Compaoré en 2014 de cambiar la constitución que le habría permitido postularse nuevamente para el cargo por quinta vez y por dos términos más en qué generalmente se consideran disfraces electorales, una tendencia que se observa en los regímenes autoritarios e híbridos, especialmente en el África francófona en la que las elecciones que se llevan a cabo están predeterminadas, lo que implica un proceso en que el actual régimen simula que todo el proceso parezca democrático, ocultando así el autoritarismo de sus sistemas políticos bajo un delgado velo de legitimidad electoral. El plan de juego también involucra a sus titiriteros, las grandes potencias, generalmente occidentales, dando su aprobación a la mascarada con mensajes de felicitación a los jefes de estado en ejercicio o sus sucesores elegidos, reconociendo efectivamente los resultados de las elecciones, y mantener al comprador y al sistema en contra de los intereses de las personas y del país. Blaise Compaoré estaba tratando de emular como Paul Biya de Camerún (en el poder desde 1982), quien cambió la constitución del país nuevamente en 2008 para permitirle dos períodos de siete años en el cargo, y luego usó sus fuerzas de seguridad para aplastar a los cameruneses que salió a las calles para mostrar su desaprobación, matando a 150 manifestantes en el proceso; pero no era tan astuto como su homólogo camerunés, que era aún más impopular, pero logró escapar con su apuesta.

Un informe de autopsia que se realizó sobre los restos exhumados de Thomas Sankara reveló que el revolucionario antiimperialista murió a causa de más de una docena de heridas de bala. Eso anuló la débil afirmación de que sus asesinos lo mataron por error --- su antiguo amigo y sucesor más cercano trató de convencer al mundo de creer que eso fue lo que sucedió. Como dijo Ambroise Farama, uno de los abogados que representa a la familia Sankara, fue ."*.. alucinante ... Se podría decir que estaba pura y simplemente acribillado a balazos ...*" Por el contrario, las autopsias en los cuerpos de los otros 12 Los soldados que fueron asesinados y enterrados con Sankara en 1987 revelaron que solo habían sufrido una o dos heridas de bala.

Burkina Faso restauró el legado de Thomas Sankara como revolucionario, pan-Áfricanista, ambientalista, feminista y humanitario con una estatua de bronce en la ciudad capital de Uagadugú en Marzo de 2019. Sin embargo, la estatua sería corregida un año después en Mayo de 2020, lo que lo hace más imponente y más real a la vida que el anterior.

Una estatua de Thomas Sankara en Mayo de 2020

Tres décadas después del asesinato de Thomas Sankara, los jóvenes de África que están tratando de orientarse, aún reservan un lugar alto para el ícono revolucionario Áfricano como una de esas raras figuras contemporáneas que ha producido el continente que puede ser aclamado como modelo. y una figura para identificarse. Su legado se expande rápidamente más allá de África a medida que más y más personas lo reconocen como un precursor de la lucha ambiental, como una figura destacada en la causa contra el globalismo financiero, como un defensor del impago de deudas ilegítimas y como un prototipo de desarrollo autosuficiente contra el modelo liberal de desarrollo que beneficia solo a una pequeña minoría.

De hecho, hoy en día, numerosos libros, artículos y otras obras de arte glorifican a la abnegada leyenda Áfricana que asumió la colosal tarea de poner a la gente de pie y mostrarles el camino hacia un futuro desprovisto de influencia neocolonialista envuelto en el comercio y las finanzas. y culturas importadas que socavan la fuerza de los valores comunalistas Africanos y lo sagrado de la familia.

Mapa Político de los Países Africanos

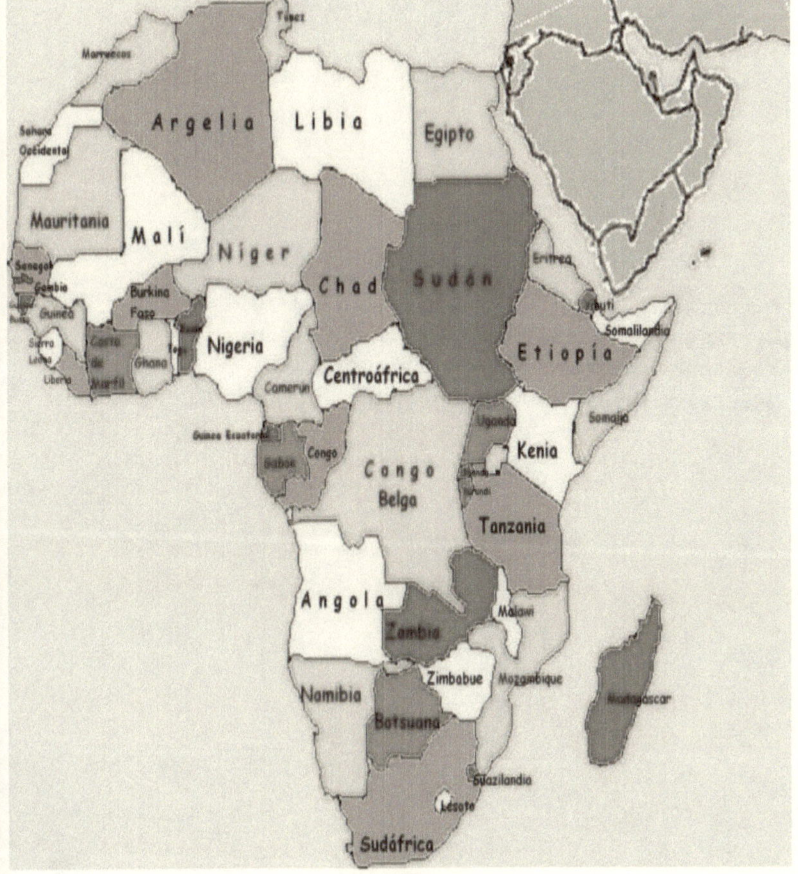

Índice de Democracia: África y el Mundo

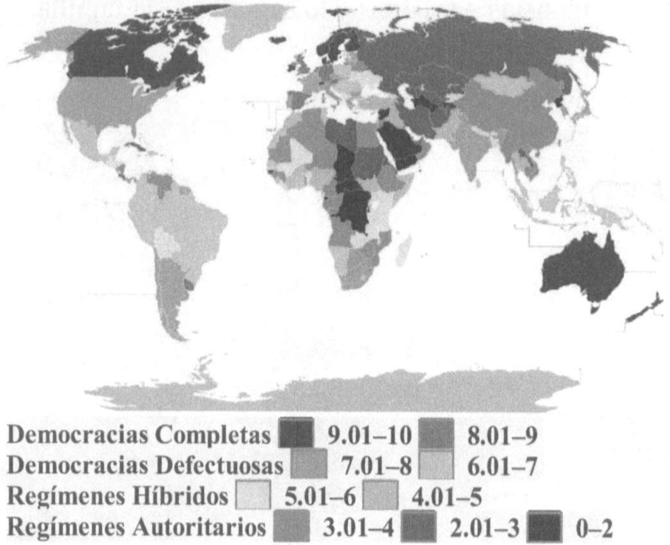

www.ingramcontent.com/pod-product-compliance
Lightning Source LLC
Chambersburg PA
CBHW051422250726

48655CB00003B/1185

9 781708 698324